AF230044

市場權力與全球新不平等
全球資本主義的社會永續困境與必要的制度改革

國立臺灣大學社會科學院國家發展研究所
李碧涵教授
lbh@ntu.edu.tw

2021 年 7 月

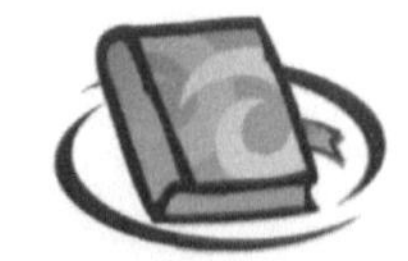

美商EHGBooks微出版公司
www.EHGBooks.com

EHG Books 公司出版
Amazon.com 總經銷
2021 年版權美國登記
未經授權不許翻印全文或部分
及翻譯為其他語言或文字
2021 年 EHGBooks 第一版

ISBN-13：978-1-64784-115-7

目次

自序

　　這本社會科學小書的完成，不能說是「大器」，但絕對是「晚成」。個人利用最近這一年的教授研究休假期間，奮力且專注撰寫此書，作為在國立臺灣大學從事教學研究 30 年的精進之作。個人以 30 年磨一劍的精神，把青春全部奉獻給了臺大和家庭，很高興能一直堅持在做我最喜歡的教學、研究和服務工作，而且透過教學相長，讓自己從不間斷的學習和自我成長，也從而開發創新思考和探究社會科學新領域。

　　本書中個人討論資本主義經濟運作、國家政策，以及公民社會群體間的實質關係，也將這些要素組成的社會總體再往外推展至其與自然環境之關連。謹希望這本我的社會科學小書能對學術界稍盡一份無私的棉薄之力。本書在寫作和出版過程中，非常感謝同仁和學生的支持鼓勵、研究助理的盡心盡力、匿名審查人不吝提供寶貴意見、出版社劉經理和簡博士的全力協助，以及家人的耐心包容。當然本書如有任何錯誤，將由作者擔負完全責任。

2021 年 7 月　碧涵　於 WFH

中英文書摘

　　作者給予本書一個別名是《我的社會科學小書》，因為全書頁數不多，但書內討論很基本的社會科學邏輯，包括資本主義經濟、政治和社會文化等之間的關係，及社會總體(由上述所提到的要素所組成)和自然環境的互動。作者也用諸多全球和各國實際發展狀況加以佐證。

　　本書聚焦在探討全球資本主義發展下的市場權力與全球新不平等問題，特別是資本主義的社會永續困境與必要的制度改革。

　　作者提出資本主義經濟鑲嵌在社會總體，而社會總體又鑲嵌在自然環境的分析架構。接著探討人類世全球新不平等的來源與社會永續的困境。也特別討論 1980 年代至今英美提倡新自由主義市場至上全球化策略而加速惡化全球不平等。作者又比較分析歐盟和巴西等對抗市場權力的發展策略與制度選擇。最後討論全球資本主義的多樣性制度安排與必要的制度改革，以解決全球新不平等和社會永續困境，並達成公平/永續的社會發展新典範。

　　關鍵詞：市場權力，全球新不平等，新自由主義全球化，社會永續困境，制度改革

　　The author gives this book a nickname as *My Little Book on Social Sciences*, for it doesn't have many pages, but its content discusses very basic social sciences logics, including the relationships among capitalist economy, politics and socio-culture, as well as the interaction between social totality (composed by the above-mentioned elements) and natural environment. The author also utilizes many global and national concrete situations to support the arguments.

This book sheds spotlights on investigating market power and global new inequality under global capitalist development, especially the dilemma of social sustainability and necessary institutional reform of global capitalism.

The author first presents an analytical framework, one where the capitalist economy is embedded in social totality, and where social totality is embedded in the natural environment. It goes to examine the sources of global new inequality and the dilemma of social sustainability in the Anthropocene. Moreover, a discussion is brought up on the exacerbation of global disparity and new inequality ever since the 1980s when the US and UK both promoted neo-liberal globalization strategies. This book also makes a comparative analysis on the European Union's and Brazil's anti-market power development strategy and institutional choices. Finally, it discusses the multiple institutional arrangements of global capitalism and necessary institutional reforms required to solve global new inequality as well as to achieve a new paradigm of equal and sustainable social development.

Keywords: market power, global new inequality, neo-liberal globalization, social sustainability dilemma, institutional reforms

作者中英文簡介

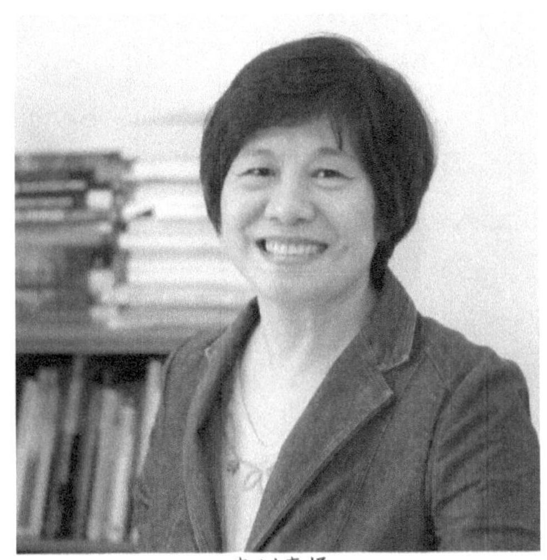

李訓豪攝

　　李碧涵，美國費城天普大學（Temple Unversity）社會學博士，臺灣出生。李博士現任國立臺灣大學社會科學院國家發展研究所教授，曾任國立臺灣大學人口與性別研究中心主任，社會科學院副院長，澳洲昆士蘭大學（Unversity of Queensland）澳洲研究中心訪問學人。學術專長為全球化、國家與發展策略、經濟社會發展、就業體制、社會不平等、及社會永續發展等。曾獲國立臺灣大學教學傑出獎、教學優良獎（4 次）、20 年資深優良教師獎，臺灣大學共同教育中心個別型通識課程改進計畫績優計畫獎、臺灣通識網通識課程錄影獎助（臺灣通識網 GET 開放式課程及臺灣大學開放式課程 NTUOpenCourseWare, OCW「國家與社會發展」共 13 講），及澳洲政府澳中理事會競爭計畫經費獎（Competitive Project Funding Award, Australia-China Council, Australian Government）（2 次）等。過去已發表學術期刊論文、專書專章、研究計畫報告與學術會議論文等超過 60 篇。

Bih-hearn Virginia Lee, received her Ph.D. in sociology from Temple University, Philadelphia, U.S. Presently, Dr. Lee is a professor at the Graduate Institute of National Development, College of Social Sciences, National Taiwan University. Dr. Lee previously served as Director of Center for Population and Gender Studies, NTU, Vice Dean of College of Social Sciences, NTU, and Visiting Scholar at Australian Studies Centre, University of Queensland, Australia. Dr. Lee's academic specialty centers on globalization, state and development strategy, socio-economic development, employment regime, social inequality, and social sustainability development. Dr. Lee had also received honors including: NTU Teaching Excellence Award, NTU Teaching Outstanding Award (4 times), 20-years Outstanding Teaching Award, NTU General Education Center's Course Outstanding Project Award, General Education TW Awards for 13 teaching films in　GET and NTUOpenCourseWare, OCW 'State and Societal Development', and two awards from Competitive Project Funding Award, Australia-China Council, Australian Government, etc. The author had published more than 60 academic research articles, book chapters, research projects and academic conference papers in the past.

壹、緒論

　　從 1776 年英國經濟學家 Adam Smith（Sutherland, ed., 2008）提出國富論以降，經濟學家一向強調自由市場機能，而政府那隻看不見的手不應也不能干預經濟，才能讓市場機能得到充分的運作，也讓人民得到最大的福利。即使在廿世紀實行凱因斯理論（Keynesian theory）的混合經濟（mixed economy）時代，也只允許政府在總需求（aggregate demand）不足的狀況下才能干預市場。

　　另一方面，從 18 世紀中葉工業革命至今的人類世（Anthropocene）資本主義發展，各項新科技發明廣泛被運用在產業和生活各層面，卻形成全球的市場/經濟權力（market/economic power）集中，以及氣候變遷導致經濟災害，造成全球新不平等（global new inequality），而成為當前社會永續的難題。聯合國發展計畫署（UNDP）出版的《2019 年人類發展報告（Human Development Report 2019）》指出，當人類生活品質因新科技發明而不斷提升的同時，卻也出現上述全球新不平等，具體顯現在個人工作與生活技能不足、數位落差、少數人掌控經濟權力與政治權力，以及化石能源開採與使用造成溫室氣體排放和氣候變遷而威脅人類生存，特別是在低度人類發展指數[1]（Human Development Index, HDI）國家重大災難橫生，而加劇全球新不平等（UNDP, 2019）。

　　尤其自 1980 年代英美提倡新自由主義開放市場全球化策略，強調經濟/企業/市場/資本至上，更是造成全球貧富不均惡

---

[1] 聯合國發展計畫署（UNDP）自 1990 年提出人類發展指數（HDI），主要是以壽命、教育程度和資源掌控（所得為主）三者加以衡量（李碧涵、蕭全政，2016）。

化和極端氣候的環境反撲。因此，本書想要聚焦於探討全球資本主義發展下的市場權力與全球新不平等問題，特別是資本主義的社會永續困境與必要的制度改革。在緒論之後，第二節將提出資本主義經濟鑲嵌在社會總體，而社會總體又鑲嵌在自然環境的分析架構。第三節將探討人類世全球新不平等的來源與社會永續的困境。第四節將討論 1980 年代至今英美提倡新自由主義市場至上全球化策略而加速惡化全球貧富懸殊和新不平等。第五節將比較分析歐盟和巴西等對抗市場權力的發展策略與制度選擇。第六節將探討全球資本主義的多樣性制度安排與必要的制度改革，以解決全球新不平等和社會永續困境，並達成公平/永續的社會發展新典範。第七節是結論。

貳、分析架構：資本主義經濟鑲嵌在社會總體，而社會總體又鑲嵌在自然環境

　　作者要提出的分析架構是資本主義經濟鑲嵌在社會總體（社會總體也部分鑲嵌在經濟），而社會總體又鑲嵌在全球與各國的自然環境，如圖 1 所示。茲詳細說明如後。

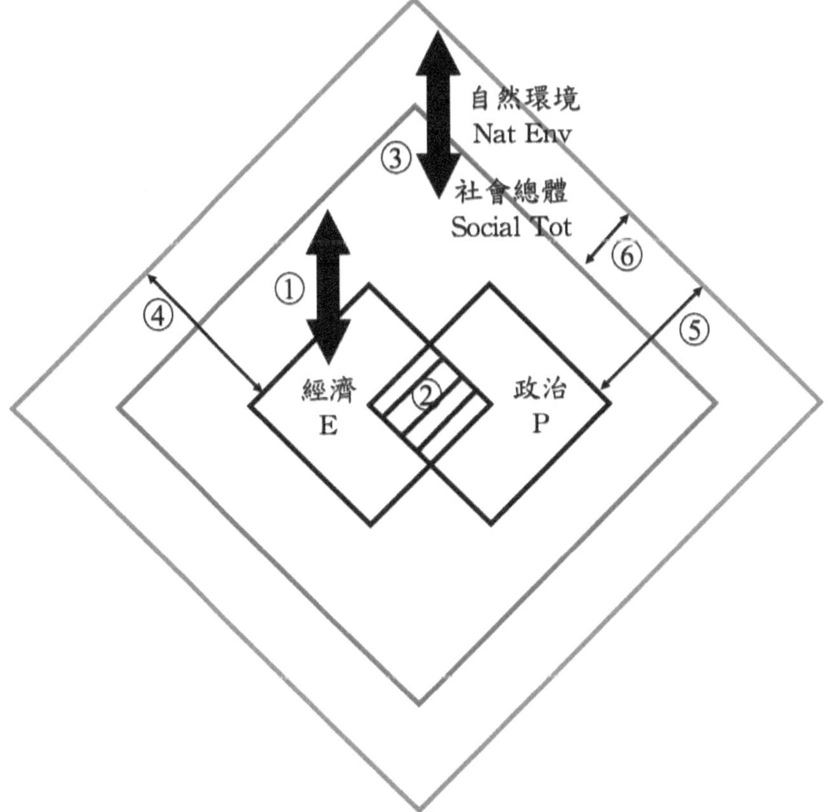

圖 1　分析架構：資本主義經濟鑲嵌在社會總體，而社會總體又鑲嵌在自然環境
註：①經濟鑲嵌在社會總體（社會總體也部分鑲嵌在經濟），②經濟與政治的交集，③社會總體鑲嵌在自然環境（自然環境也部分鑲嵌在社會總體），④環境經濟，⑤環境政治，⑥環境社會文化
資料來源：作者自行繪製。

一、資本主義經濟鑲嵌在社會總體（社會總體也部分鑲嵌在經濟），而且經濟與政治具有交集的本質

　　根據著名社會學家和社會人類學家 Polanyi（1944）的歷史研究，資本主義的興起不是完全只依靠市場機能（market mechanism）運作，而是透過組織的制度安排和政府政策而得以蓬勃發展。Polanyi（1944）指出英國工業資本主義發展過程中，工廠所需的勞動力是透過英國政府廢除自 1795 年施行給農民很好福利的史賓漢連法案（Speenhamland Act），且於 1834 年開始實施福利給付較為嚴格的濟貧法（Poor Law Reform），農民為求溫飽而被迫離開農村，大量流向城市成為工廠受僱勞工，讓英國工廠有源源不斷的低工資勞動力，而成就工業資本主義的生產運作和獲利，此即 Polanyi 所謂的經濟的社會鑲嵌性（the social embeddedness of the economy）（李碧涵，2000）。

　　1993 年諾貝爾經濟學獎得主 North（1993）也運用 Polanyi 對資本主義興起的制度研究，提出組織與制度對現代資本主義發展的重要性，也成為新制度論（new institutionalism）的開宗大師（劉瑞華〔譯〕，1990）。美國社會學家 Block（1987）則探討經濟的本質並指出資本的多重邏輯（multiple logics of capital），也就是經濟體制並非只依靠單一的市場供需法則而運作，而是經濟/資本具有多重邏輯，而且經濟與政治具交集的關係，其交集的部分就是政府的政治選擇（political choice）。

　　從實存的資本主義發展史觀之，資本主義經濟不是只依靠市場機能運作就得以順利從商業資本主義轉型至工業和後工業資本主義。資本主義經濟的發展過程，一方面是需要政府的政策協助，另一方面又需要政府的政策規範或管制。不論哪種形式，都可見經濟體制並不是單獨根據市場機能運作而已，而是經濟體制的組成必須是經濟因素加上許多非經濟因素，包括社

會和政治制度、價值文化和意識形態、勞資關係，以及都市發展等，資本主義才能達成內在邏輯一貫的經濟積累模式（Block, 1986；Boyer and Drache, 1996；李碧涵，2001；李碧涵、蕭全政，2014）。這代表資本主義的經濟與資本發展是具有多重邏輯而且鑲嵌在社會總體。例如在經濟上，需要有市場邏輯運作；在政治上，需有適度的政府政策的導引、支持獎勵，或管制規範，即國家的政治行動和政策；在社會上，需有社會制度安排（social institutional arrangements），包括勞資關係、家庭制度、社區、非營利或非政府組織等各種社會群體（social groupings）的支援運作；以及文化價值和意識型態方面，需要有企業家精神和負責任的消費主義等，但國家或企業也會分別形塑符合它們利益的文化霸權（cultural hegemony）。

綜此，本分析架構首先要提出資本主義經濟是鑲嵌在資本主義社會總體（社會總體也部分鑲嵌在經濟），如圖 1 中①所示，而社會總體包括政治、經濟、勞工與各社會群體，以及價值文化等。這就是說，資本主義經濟體制不只是根據說市場供需法則邏輯而運作，它同時包含國家政策、社會文化價值、勞資關係，以及各社會群體的思維和行動等。

其次，經濟與政治具有交集的關係，也就是經濟運作不是只依賴市場供需法則的運作而已，因為市場並非萬能，市場也常有失靈的時候，且國家必須要有適時的國家行動或政策介入，以支持、導引或管制市場和企業行為。過去在資本主義發展的每一個過程，都有政府的政策規範或導引經濟發展的模式。例如 17 世紀重商主義（mercantilism），或是近 30 多年來資通科技（information and communication technology, ICT）發展，我們都可以明顯看到在實際的經濟運作中，需要某種程度的國家政策或國家介入（state policies or interventions），經濟才能有一致的發展模式（又例如以前的外銷導向工業化，或目前綠色經濟當道均是）。政治與經濟交集的斜線部分也就是所謂的政治行動（political actions）或政治選擇（political choices），如圖 1 中②所示。

　　但是自 1980 年代英美提倡的新自由主義全球化策略強調經濟/企業/市場/資本至上，甚至是經濟/資通科技決定論，其間不論政府或企業都認為經濟（積累）/自由市場/高科技發展最為重要：企業運作訴諸全球自由市場和金融資本當道，政治則強調小而美的政府退縮角色，縮減公共支出[2]，尤其是社福支出，但由供給面（supply side）介入經濟，提供企業各種減稅、免稅或獎勵措施，即所謂的新干預主義（neo-interventionism）。但作者認為政府的政策選擇不應該如英美新自由主義及其他各國群起仿效的向企業/資本傾斜，而是應該要平衡資本與勞工及各種社會群體之間的需求與利益。資本主義經濟要順利運作發展，是需要國家的介入，因為市場邏輯/市場機制有其極限和失靈的時候，如上述 Polanyi，North，Block，及 Boyer & Drache 等所言，資本主義的歷史發展並非只依賴市場機制的運作，而是透過很多國家的力量、政策支持或管制，以及勞工和其他社會群體，還有文化價值等制度安排，而讓資本主義得以持續發展。而新自由主義全球化發展策略以經濟/企業/市場/資本優先，不但新科技造成數位落差和財富/經濟權力集中的社會不平等，而且更加速對環境的破壞力與永續氣候變遷的威脅。

---

[2] 但柴契爾與雷根政府時代則是國防支出不斷增加。

二、資本主義社會總體又鑲嵌在全球與各國自然環境（自然環境也部分鑲嵌在社會總體）

本分析架構又主張資本主義社會總體鑲嵌在全球與各國自然環境，也就是資本主義經濟、政治和社會文化等共同組成社會總體，而同時鑲嵌在所處的自然環境（當然自然環境也部分鑲嵌在社會總體）。因此，資本主義社會總體鑲嵌在自然環境，指的是社會總體的思維、行動與發展，必須納入環境邏輯。一方面，社會總體的發展是深受環境的制約，另一方面，社會總體對自然環境的負面影響造成環境的反撲，釀成經濟災害與全球新不平等。故社會總體與自然環境的關係是雙向互動的，如圖 1 中③所示。

因此若要減低社會總體對自然環境的影響，以及氣候變遷和環境反撲對人類社會造成的經濟災害和全球新不平等，我們必須探討的議題包括：（一）環境政治—政府採取的環境政策與行動，以及人民展現的民主力量；（二）環境經濟—納入思考非經濟因素，如制度安排，以解決環境資源與自然災害問題；及（三）環境社會文化—社會展開的公共論述與社會實踐，以及人民追求的生活品質與價值文化，如圖 1 中④⑤⑥所示。

不過自 18 世紀中葉工業革命後的人類世，其新科技發展與氣候變遷卻造成全球新不平等和社會永續的困境。聯合國發展計畫署（UNDP, 2019）指出當前資本主義發展的問題在於：（一）技術創新造成市場權力（market power）不平等，包括企業壟斷市場（市佔率）而高額獲利，以及勞資所得份額分配不對等；以及（二）氣候變遷造成全球新不平等，因空氣、水和土地汙染以及二氧化碳排放遞增，使得有些區域或人們受到嚴重的經濟災害和全球新不平等惡化。作者認為尤其自 1980 年代全球資本主義的新自由主義開放市場策略採取經濟自由化政策，包括資本、產品和勞動市場的全球化，造成金融資本主義（finance capitalism）當道、跨國公司掌控全球經貿，以及勞資所得分配結構之資本所得份額遽增而勞動所得份額不斷下降的事實。更嚴重的是國家撤退而只拉攏企業，強調政商關係，甚至政商勾結，使企業需求優先於公民社會群體需求，而且國家給予企業所需要的各項生產要素，例如低水價、低電價、產業用地、低稅賦、低工資，但卻仍允許高汙染和高耗能產業/企業的持續存在。

針對資本主義經濟的環境和社會威脅，新馬克斯論者 Gorz（1980, 1994）批判當代資本主義經濟理性是服膺於市場和利潤動機，追求無止境的資本增長。這必須藉由政治手段去加以解決，而且要擴大不是為經濟服務的投資，也要對生產、消費的產品動態關係進行生態學的重建，才能改善勞動及環境破壞問題，也方具有實踐意義。

Peet 和 Watts（1993）則開拓政治生態學領域，指出當代社會與環境運動必須對當前發展提出替代方案。因應 1980 年代至 90 年代的全球氣候變遷，政治生態學必須有新方向和論述，要擴大環境議題使之成為生活（livelihood）、權利（entitlements）與社會正義（social justice）的運動。

新制度論者也提出環境生態的制度分析觀點。2009 年諾貝爾經濟學獎得主 Ostrom（1990, 1997）以自然資源共有財之經濟治理（economic governance）概念，分析偏遠或落後地區會設計一套共同生活制度共享天然資源，包括漁類資源、牧場、森林、湖泊和地下水盆地等。她的研究發現若由使用者來管理公共資源，可以保存得相當良好，故人類唯有透過經濟治理與制度設計，才能避免自然資源過度損耗。人與自然之互動和成功的管理自然資源，才是永續發展的不二法門。她認為此經濟治理分析將有助於國際機構、各國政府、利益團體與非政府組織，制定防止全球進一步暖化的政策。

只是現代資本主義經濟經常扮演著推動「不能」達成社會和環境永續發展的角色。解決之道如 Redclift（1993, 2002）所主張的永續發展必須在我們的認知、價值、經濟和社會脈絡之中，要重視知識與信念正是當前浩劫的原因也同時可能變成解決的方法。Eder（1996）則提出生態政治（politics of ecology）觀點，認為生態公共論述可以形塑環境認同、意識型態和公共政策領域。過去 1990 年代生態政治就是以保育主義（conservationism）的公共論述，而形成公共論述空間並改變國家的產業與環境政策，甚至將環境倫理納入憲法。這代表集體動員的環境主義世代之結束，轉而進入後環境主義，即生態（學）作為所有行動者（actors）都能參考引用的架構，提供公共論述空間進一步發展的基礎，並且保證認知、道德和審美理性存在於文化之中。

既然自然環境問題是經濟、政治和社會文化的複雜問題，Dryzek（2013[1997, 2005]）則指出我們需要用生態民主的概念，納入更多聲音，進行反思性的社會學習（social learning）；放下人類為萬物之靈的偏見，與過去未曾溝通的生態體系進行交流，才可能有永續發展；同時也要對自由放任經濟進行結構分析，才能解決眼前生存問題與現代社會永無止境發展主義的衝突。

面對資本主義的社會和環境永續困境，本書分析架構提出的思考邏輯是資本主義經濟鑲嵌在社會總體，而社會總體又鑲嵌在自然環境，即我們必須討論如何透過經濟結構重整、政府政策、公民社會群體力量，及各項嶄新制度安排以解決環境永續問題，並且也才能反過頭來減輕自然環境和氣候變遷對社會總體的威脅，終而可能降低經濟災害和全球新不平等的社會永續困境，並達成公平和永續的社會發展新典範。

參、人類世全球新不平等的來源與社會永續的困境

　　聯合國發展計畫署（UNDP, 2019）提出，工業革命後至今的人類世新科技發展，好的一面是其增進人類福祉，但其黑暗面卻是個人基本能力和進階能力不足、嚴重的數位落差，和少數企業或個人掌控市場/經濟權力，或甚至政治權力。不但如此，新科技也形成全球各國間的重大分歧，在廿世紀有的國家早已晉升為先進國，有的新興工業國自 1960 年代大量生產工業製品並外銷，但很多國家仍停留在依賴生產農牧初級產品；加上工業革命後人類密集使用煤炭和化石原料，更造成氣候危機、經濟災害和人類發展不平等。

　　根據聯合國發展計畫署（UNDP, 2019）的統計研究指出，新資訊科技普及與全球數位不平等是同時存在的。近 30 多年來資訊和通訊科技的數位落差問題，明顯表現在個人手機綁約使用者，及家戶有網際網路、電腦和寬頻網路等的不平等。2017年全球有個人手機綁約使用者，在低度人類發展指數國家每百人有 67 人，極高人類發展指數國家則每百人高達 131.6 人；家戶有網際網路的百分比在低度發展國家只有 15%，但在極高發展國家高達 84.1%；而家戶擁有電腦百分比在低度發展國家只有 9.7%，極高發展國家達 80.7%；而每百人使用固定寬頻在低度發展國家更只有 0.8 人，極高發展國家達 28.3 人（UNDP, 2019）。這表示全球 ICT 的普及與使用具有非常嚴重的數位落差，尤其是在固定寬頻網路的使用上。

　　而且企業密集運用 ICT 以獲取更高的利潤，在 2000-2015 年的網路經濟（或新經濟，new economy）發展時代， ICT 密集企業的平均獲利率遠高於所有企業，除了在 2001 年美國科技股/網路經濟泡沫化之後的 1-2 年間之外（UNDP, 2019）。當前

ICT 密集企業已成功掌控市場權力（market power），成為產品或服務市場的獨占（monopoly），以及企業在勞動市場的買方獨占（monopsony）；就產品或服務市場權力（product or service market power）而言，作者認為最極端的例子就是美國五大網路科技巨擘的產品與服務橫掃全球使用者，而且已成為美國股市五大尖牙股（FAANG，指 Facebook, Apple, Amazon, Netflix，及 Google 母公司 Alphabet），其擁有高額股票市值與高獲利成長率；就雇主擁有的勞動市場權力（labor market power）而言，企業掌控勞動力和薪資，增加非典型雇用，造成勞動所得份額相對降低[3]，而且擁有買方獨占權力的企業常透過網路平台向大眾取得企業所需的創新點子或解決方案，這種由自願者或兼職人員一同完成的工作稱為眾包（crowd work 或 crowd sourcing），也就是將工作分配給很多參與者，讓企業可以最低的成本得到最有效率的營運，但參與的大眾或兼職勞工所能獲得的薪酬卻很有限。

各國政府與企業為了不斷追求技術創新和運用，都積極投入研發（R&D）的人力資源和支出，但卻又擴大全球不平等。聯合國發展計畫署（UNDP, 2019）研究顯示，在 2017 年極高發展指數國家每百萬人有近 4 千人從事 R&D，但高度發展國家每百萬人只有約 800 人從事 R&D，低度和中度發展國家更只有約 2 百人；而在 2007-2017 年間，極高發展國家每百萬人增加 7 百多人從事 R&D，但高度發展國家每百萬人只增加約 200 人，低度和中度發展國家更是只增加 1 百人左右。另一方面，2015 年極高發展國家 R&D 支出占 GDP%高達 1.6%，但高度發展國家只有 0.5%，低度和中度發展國家少於 0.3%；而 2005-2015

---

[3] 例如美國 1991 年勞動所得份額為 61.2%，2013 年降至 56.4%；日本 1991 年勞動所得份額為 65.7%，2013 年下降至 59.6%；台灣受僱人員報酬份額由 1990 年的 51.04%，降至 2016 年的 43.81%（ILO, 2014；李碧涵、蕭全政，2019）。

年間極高發展國家 R&D 支出約增加 0.28%，但高度發展國家約只增 0.05%，低度和中度發展國家更是下降約 0.05%。可見全球 R&D 的人力資源和支出是高度集中在極高發展指數國家，也更加深它們與其他國家間的技術創新與社會發展不平等。

　　全球新不平等也造成財富集中，尤其在 1980 年代之後，英美提倡新自由主義全球化市場開放策略更使財富不均快速惡化。根據 Piketty 等各國學者共創的全球財富及所得資料庫（The World Wealth and Income Database, WID）顯示，1981-2017 年各國頂端高所得者所得占國內所得比呈現上升趨勢。以美國為例，1981 年所得最高 10%占國內所得 35.10%，而 2017 年已高達 46.76%；1981 年所得最高 5%占國內所得 24.77%，2017 年達 35.97%；同樣地，1981 年所得最高 1%占國內所得 11.46%，2017 年已達 20.51%（主計總處，2019）；可見美國財富分配不均、貧富懸殊的狀況日益嚴重。

　　在氣候變遷與全球新不平等方面，聯合國發展計畫署（UNDP, 2019）指出人類世出現的氣候不正義（climate injustice）包括二氧化碳排放量不平等和受天然災害影響的不平等兩大面向。首先，在碳排不平等方面，全球因密集使用煤炭和化石原料而造成大量碳排，若回朔過去 200 多年全球累積的二氧化碳排放量，我們發現當今先進國家要對 1750-2014 年間的碳排擔負相當大的責任；因為在此 200 多年期間，極高人類發展指數國家累積全球 66%的碳排量，高度人類發展國家占 26%，而中度發展國家碳排只佔全球 7%和低度發展國家只占 1%。2015 年全球碳排量最多的前 10 個國家共占全球碳排量的 45%，其地區分布主要集中在北美有 45%，歐盟有 19%，和中國占 10%。但時至 1995-2014 年期間，中度到高度人類發展指數國家因快速工業化而大量增加人均碳排，而同期間極高人類發展指數國家的碳排量因產業外移和節能減碳產業結構轉型而呈現人均碳排負成長的狀況（UNDP, 2019）。

其次，在天然災害的不平等方面，氣候變遷造成的經濟災害不但逐年增加，而且也不平均發生在全球各地。不但影響人類發展程度的不平等，而且更深化社會和經濟的衝擊和不平等。例如 2019 年侵襲巴哈馬的多利安（Dorian）颶風，當時受害最大的是巴哈馬的海地移民社區，而他們是 2010 年因海地發生規模 7 強震和嚴重傷亡而逃難來的，顯見氣候變遷亦成為擴大社會不平等的推力。聯合國發展計畫署（UNDP, 2019）研究提出，在 1960s-2010s 期間，全球極端天然災害造成的經濟損害逐年增加，尤其從 1980 年代至本世紀 2010 年代，其經濟損害金額更是先前幾十年的數倍增加。

尤其在 1980-2017 年間，人類發展指數較低的發展中國家所面臨的人類發展危機，比先進國家更為頻繁，且人類發展指數（HDI）下降的百分比更多；聯合國發展計畫署（UNDP, 2019）指出在 1980-2017 年間當面對人類發展危機時，先進國家 HDI 每年下降的頻率為 8.2%且年均 HDI 降低為 0.5%，但開發中國家 HDI 每年下降的頻率高達 13.5%且年均 HDI 下降多達 1.2%。

這意味著 1980 年代至今人類發展指數越低的國家受到更致命的自然災害。聯合國發展計畫署（UNDP, 2019）提出，人類發展指數越低的國家，自然災害造成的死亡數比其他較高所得國家更多，且自然災害造成的經濟災害（1997-2016 各年 GDP 平均）也比其他較高所得國家更大。自然災害使得弱勢群體（或國家）暴露在更大的死亡與經濟資源損失，因此，氣候變遷會造成低所得、低機會國家不斷產生惡性循環；而在高度人類發展國家，人民有較好的機會來回應自然災害危機受到的衝擊，例如有較佳的搬遷能力或有較多的資源得以復原。低度人類發展國家受到自然災害造成的死亡是極高發展國家的 10 倍；而自然災害造成低度人類發展國家的年均 GDP 下降幅度是極高發展國家的 4 倍（UNDP, 2019）。聯合國發展計畫署（UNDP, 2019）又指出環境不正義與不平等在全球到處都是，包括一、資源浪費，二、過多的紅肉消費，三、不均等的水運用與衛生設備；但是這些環境不平等卻常是握權者的選擇而造成的。

作者接著要探討英美提倡新自由主義市場至上全球化策略而加速惡化全球不平等、歐盟和巴西等對抗市場權力的發展策略與制度選擇的比較分析，並提出全球資本主義的多樣性制度安排與必要的制度改革，以達成公平/永續的社會發展新典範。

肆、英美提倡新自由主義市場至上全球化策略而加速惡化全球不平等

1980 年代英國柴契爾夫人政府（1979-91）與美國雷根政府（1980-88）共同提倡新自由主義全球化策略（neo-liberal globalization strategy），主張經濟自由化與民營化、國家解除管制、由供給面干預經濟（即提出振興經濟方案，改善投資環境，給予企業減稅與各項獎勵措施）、縮減公共支出以緩和國家財政危機，並且要求世界各國開放市場以建立全球自由市場（global free market）；此即所謂的柴契爾主義（Thatcherism）與雷根經濟學（Reaganomics）。當時英美兩國政府（柴契爾為英國保守黨&雷根為美國共和黨）是政治上的保守勢力，但經濟上採自由主義，而且強調全球自由市場運作，不再以國內經濟（national economy）為發展的主要範疇，也稱之為新右派（neo-Rightist）或新保守主義（neo-Conservativism）（李碧涵，2001，2012，2016；李碧涵、蕭全政，2014，2016，2019）。

英國新自由主義改革前後歷經兩個階段，1980 年代至 1990 年代初期柴契爾與梅傑政府實行國家撤退新自由主義（roll-back neoliberalism），主要有國家解除管制、削減公共支出、壓制工會，和縮減社會福利等；接著是 1990 年代中期之後布萊爾政府的新工黨採行國家開展新自由主義（roll-out neoliberalism），強調國家重新管制、經濟治理、個人責任、社會機會、工作彈性化，及工作福利等（Peck & Tickell, 2007；李碧涵、蕭全政，2014）。同時在 1990 年代中期主政的美國柯林頓政府則與布萊爾政府聯手共同提倡上述政策而名之為第三條路（The Third Way）。

　　新自由主義全球化發展策略提倡世界各國必須開放市場，國際貨幣基金（IMF）基於 1989 年確立的華盛頓共識（Washington Consensus）而要求拉丁美洲及其他開發中國家，開放資本市場（capital market）、商品市場（commodity market），以及勞動市場（labor market）。資本市場開放包括政府解除管制（state deregulation），各國資金自由進出；證券化（securitization），開放金融機構可同時經營銀行、投資和證券等業務，並發行高風險、高獲利衍生性金融創新商品（derivatives）；還有電子化（electronification），例如網路下單等。商品市場開放則是英美兩國政府透過雙邊經貿談判，要求他國實施經貿自由化與開放市場，尤其自 1995 年在美國主導下透過世界貿易組織（World Trade Organization, WTO），以自由貿易（free trade）為名要求他國開放市場和推展電子商務（e-commerce）；跨國企業（multinational corporations, MNCs）也擴大掌控全球經貿。勞動市場開放則強調各國勞動市場政策改革，以彈性（flexibility）、流動（mobility），及訓練（training）為主，例如鬆綁勞動市場管制和非典型就業、開放外勞，及強化教育與職業訓練（李碧涵，2016）。

　　英美新自由資本主義的全球化開放市場發展策略強調市場/企業/資本至上，如此卻更加惡化全球新不平等。Peck and Tickell（1996）就指出新自由主義是以經濟自由化為名，建立以資本為中心的秩序；它是資本主義的叢林法則（jungle law），也是危機政治（politics of the crisis）。新自由主義全球化是自由市場形式的治理，缺乏一套政策、制度和經濟規範的架構，無法持續投資於工作技術、科技和創新，缺乏新的制度定向（new institutional fix），不但造成系統性不穩定，也造成地方成長日益脆弱。

　　而且目前世界各國在社會權（social rights）的維護方面，卻因新自由主義市場化發展策略與各國財政緊縮而使社會權受限，教育權方面例如學費飆漲和教育不平等，醫療權包括醫院營利取向而使醫療費高漲，居住權例如外資和資本家炒作房地產；工作權方面包括勞工任意被解雇、壓低薪資、剝奪勞健保與退休福利，生活品質權方面例如生活水準倒退、個人/家庭陷入貧窮。可見自由市場無法達成社會公平分配（李碧涵，2012；李碧涵、蕭全政，2014，2019）。各國如何在自由市場、國家介入，以及家庭/社區/非營利組織之間做最適選擇，護衛人民社會權、縮小貧富差距，和維持生活品質，都牽涉到各國歷史文化、制度安排，以及政府如何做有智慧的政策選擇。

　　作者認為全球開放市場與自由化經社改革造成嚴重的分配正義問題，而且完全無法有公平永續的社會發展。自由市場開放可能解決某些產業與部門「成長」，但未解決「分配」問題。全球開放市場具有不公平的涓滴效果（trickle-down effects），資源分配不均造成各國貧富差距惡化。過去 30 多年新自由主義全球化策略並非全民受惠的全球化，而只是少數人的機會與自由（李碧涵，2012；李碧涵、蕭全政，2014）。哈佛大學政治哲學教授 Sandel（2010）就主張市場供需不只是經濟原則，也是道德原則；他提出正義（justice）和分配的問題，討論市場應不應該介入教育和醫療，也提醒大家思考經濟（或市場）、倫理道德、價值與政治之間的爭議；他指出太過商品化、市場化會腐化生命中某些美好的事物。

　　美國和英國新自由主義全球化的代價和經驗值得我們引以為鑑。經濟學家 Sachs（2011）批判美國過度遊說（excessive lobbying）及無法正確回應全球化，使美國政治成為企業政治（corporatocracy），讓強大企業利益團體掌控國家政策議程。他認為不論共和黨或民主黨都是中間偏右政黨，都有強大的企業遊說，隨處表現在軍產複合體（military-industrial complex）、華爾街/華盛頓首府複合體（Wall Street-Washington complex）、油公司/運輸交通/軍事複合體（Big Oil-transport-military complex），以及市場（或大企業）主導的健康照護產業（market-oriented health care industry）。但本書作者不認為美國無法正確回應全球化，而是過去 30 年美國採取新自由主義全球化政策，使得美國文明出現過度市場化危機，處處強調政商結合與成本效益之經濟考量，造成政府主要為企業服務的企業至上資本主義發展。

美國以企業/市場至上的邏輯也表現在當時美國前總統小布希為了美國的跨國與本國企業利益和企業成長，而拒簽京都議定書，拒絕減少碳排（當時中國、印度和韓國也都拒簽）。2005年生效的京都議定書（The Kyoto Protocol）要求各國 2012 年碳排放量要降至 1990 年水準再減 5%。但是 2009 年在丹麥哥本哈根舉行的聯合國氣候變遷峰會，重點卻在討論全球碳排交易。美國於峰會中提出全球碳排總量控制，先進國可向經濟落後國購買碳排權，而交換給予經費做落後國的經濟發展；而且各國也成立碳排交易公司，台灣也不例外。但這樣的討論和提議根本不是防止全球氣候暖化的治本之道（李碧涵，2016）。

聯合國氣候變遷會議於 2015 年 12 月 12 日通過巴黎氣候峰會協定草案。巴黎氣候協定的生效條件為：至少 55 國批准實施且全球碳排放量達 55%，並已於 2016 年 11 月生效，替代京都議定書。巴黎氣候峰會於 2015 年 12 月 14 日畫下句點，巴黎鐵塔在 11 日點亮「1.5 度」燈飾，呼應峰會的遠大目標—增溫不超過攝氏 1.5 度。巴黎協定決議各國需減少溫室氣體排放，本世紀地表升溫將努力控制在 1.5 度內，不超過工業革命前均溫 2°C。但中國、印度和沙烏地阿拉伯等汙染大國只希望維持 2°C，以繼續燃燒化石燃料，並強調已開發國必須在減排上負較大責任，因其自工業革命後 200 多年來排放最多溫室氣體，而中國只有近 20 多年來才有大量碳排[4]（李文、劉子維〔編譯〕，2015；李碧涵，2016）。

美國（在前總統歐巴馬於 2017 年 1 月卸任前）和中國政府雖已於 2016 年 9 月批准實施巴黎氣候協定，而根據世界資源研究所統計，當時美、中的碳排放量佔全球 38%。2017 年繼任的川普總統則宣布要退出巴黎氣候協定，但受到美國各地環保群體的強大抗議。但是前川普政府仍為了經濟成長與企業利益考量，於 2019 年 11 月 4 日正式宣布退出巴黎氣候協定，而提倡可同時使用再生能源與保留化石燃料（黃靖媗，2019）。

事實上，美國前總統川普一上台，於 2017 年 3 月 28 日簽署「促進能源獨立與經濟成長」（Promoting Energy Independence and Economic Growth）行政命令，推翻前歐巴馬政府推行的削減甲烷排放和節能燈泡規定，並且要開放在北極國家野生動物保護區可以開採石油和天然氣。2019 年 9 月 12 日川普政府更宣布廢除前歐巴馬政府通過的「美國水域保護法案」（Waters of the United States, WOTUS），此法案規定美國主要水域列入聯邦法例管轄範圍，要求地主在開發或排放化學物質或汙染物至湖泊河川時，必須取得許可。但地產商和農業團體反對，尤其農業團體認為聯邦政府侵犯了他們使用某些農藥和化肥的能力。環保組織則嚴厲警告川普政府廢除 WOTUS，將會威脅飲用水安全，增加河流以及溼地汙染[5]（諶悠文，2019）。

2001 年諾貝爾經濟學獎得主 Stiglitz （2019）認為美國犯

---

[4] 雖然中國當時已是全球碳排第 1 名。
[5] 2021 年新上任的拜登政府已於同年 6 月著手修正 WOTUS 的法律行動。

了經濟、政治和價值觀三大錯誤：第一，經濟錯誤，誤以為自由市場和解除管制才能解決經濟問題、追求利潤才能促成社會福祉，以及放任金融自由化和全球化將帶來繁榮；第二，政治錯誤，誤以為選舉是實現民主政治的唯一手段，完全無視金錢勢力的危險和影響力，以及金錢集中在菁英份子手裡而謀取更大的經濟和政治支配力量；第三，價值觀錯誤，誤以為公民是要為經濟體系服務，而忘記經濟是要為公民服務，政府告訴人民全球化是必須接受縮水的工資和公共計畫，而開放的金融體系卻造成經濟不穩定和財富不平等。

Stiglitz（2019）提出當前美國國內仍強調自由經濟，主要實施雷根式的供給面振興經濟方案，如降稅和放鬆管制，而川普總統上台後實施的累退稅制卻讓不平等更為惡化，還有川普提出的經濟保護主義、性別歧視和種族主義都使美國社會更為分化。Stiglitz 主張美國唯有加強基礎建設投資，實施累進稅率和充分就業政策，才能在需求不足時，提高總需求和經濟成長，提升經濟體系的潛在產出，這些同時是供給面政策，也就是必須綜合實施需求面和供給面發展政策。而且 Stiglitz（2010, 2012）早就指出政府實施的政策無法矯正市場失靈，因為經濟和政治體系從根本上就不公平，分配不公是政治體系失能的因和果。人民卻為分配不均付出極高的代價，包括經濟體系不穩定、成長減緩，且陷民主體制於岌岌可危，2008 年全球金融危機就是一個最好的例子。而且當總體經濟政策失敗、失業激增時，底層受害最烈（姜雪影、朱家一〔合譯〕，2010；羅耀宗〔譯〕，2013）。

至於英國同樣與美國採取新自由主義企業利益至上/市場導向的發展策略，英國產業和土地開發問題顯示新自由主義體制對環境保護經常是臣服於國際競爭力或市場（或產業資本）

力量，而有被弱化的傾向，並進而威脅公民的環境權實現。英國自 1980 年代開始，新自由主義體制不但削減社會福利、教育服務及勞工的集體權利與就業福利保障；在環境保護方面，其土地利用計畫與污染管制方式過於偏向產業與市場的利益而危害環境生態（張錦俊，1998）。

伍、比較分析歐盟和巴西等對抗市場權力的發展策略與制度選擇

在上述討論過英美新自由資本主義市場至上的發展問題之後，接著我們要比較歐洲亞馬遜與拉丁美洲巴西亞馬遜熱帶雨林的環境制度選擇差異。作者發現各國或區域在發展策略和環境政策選擇的差異在於：美國是企業利益至上，環境保護其次，故環境保護常屈服於企業/市場利益；歐盟是環境保護至上和考量人民生活品質和福祉；巴西則是在過度開發/環境破壞和維護環境永續之間拉鋸。

目前歐洲亞馬遜與巴西亞馬遜熱帶雨林的環境生態發展的主要差異在於歐盟即將成立歐洲亞馬遜森林，是以生態及環保為其價值共識、意識型態及公共認同；而巴西最近幾年出現亞馬遜熱帶雨林火燒危機，其總統在 2019 年聯合國氣候峰會上表示這只是一般森林野火，但其實是政府放任市場導向的大型農企業或小農燒毀熱帶雨林，為了種植黃豆賣給中國，以得到市場獲利，雖然部分已開發的熱帶雨林已轉種印加樹以維持永續發展生態；兩者的比較如圖 2 所示。

Amazon of Europe 歐洲的亞馬遜流域		Amazon of Brazil 拉丁美洲巴西境內的亞馬遜河流域
即將成立的歐洲亞馬遜流域，以生態及環保為其價值共識、意識形態及公共認同 歐盟以環保至上，考量人民生活品質和福祉	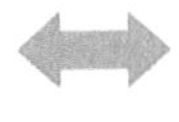	近幾年政府放任農企業或小農燒毀熱帶雨林而種植黃豆獲利，雖然有部分已轉種印加樹以維持永續發展生態。 巴西則是在過度開發/環境破壞和維護環境永續之間拉鋸

圖 2　對照歐洲亞馬遜與巴西亞馬遜熱帶雨林的環境制度選擇差異
資料來源：作者自行製作。

　　歐洲將成立的亞馬遜森林是橫跨奧地利、斯洛維尼亞、克羅埃西亞、匈牙利及塞爾維亞 5 國的自然保護區，而被稱之為「歐洲亞馬遜」。這 5 國共同向聯合國教科文組織（UNESCO）提出指定自然保護區的申請。世界自然基金會中東歐分會（WWF Central and Eastern Europe）執行長安德里亞斯・貝克曼指出:「這次的跨國提名行動為大家共同的綠色願景樹立典範，讓歐洲的區域合作和團結更加穩固。它不但是保護該區域天然寶藏，也促進國家之間團結。」預定保護區涵蓋了穆拉河（Mura）、德拉瓦河（Drava）和多瑙河（Danube）流域，將成為歐洲最大的河川保護區，如圖 3 所示。早在 2011 年，歐洲 5 國環境部長共同簽署一項聯合聲明，致力於成立跨國生物圈保護區。隔年，克羅埃西亞和匈牙利的沿河地帶通過聯合國教科文組織審核，列入跨國生物圈保 7 護區，緊接著塞爾維亞（2017 年）、斯洛維尼亞（2018 年）、奧地利（2019）也通過了審核（National Parks Traveler，2019；臺灣國家公園，2019)。

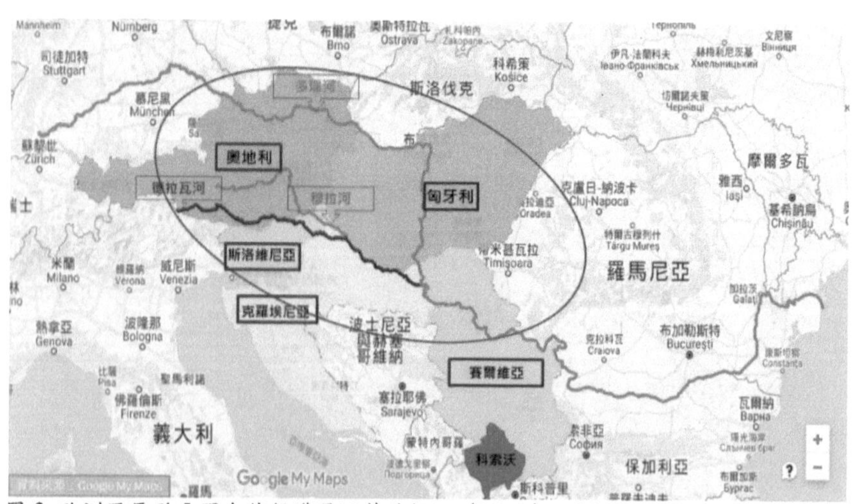

圖 3 歐洲亞馬遜 5 國自然保護區涵蓋穆拉河（Mura）、德拉瓦河（Drava） 和多瑙河（Danube）流域
資料來源：Google My Maps 及作者加以製作

　　歐洲這 5 國自然保護區由 13 個獨立保護區組成，擁有洪泛平原森林、礫石岸、沙岸、牛軛湖、河島等特殊景觀，也孕育白尾海鵰（white-tailed eagle）及許多瀕危物種，如小燕鷗（little tern）、黑鸛（black stork）、水獺（otters）、河狸（beavers）和鱘魚（sturgeons）等動物。此地每年有 25 萬隻候鳥棲息。世界自然基金會奧地利分會的計畫領導人亞諾・莫爾表示：「我們 5 國已達成共識，會共同保護這個在歐洲蘊含豐富物種多樣性的地方。這裡的洪泛平原多樣性僅次於熱帶雨林。」保護這裡的洪泛平原，相對地也保護了該地家園免受洪水侵擾[6]，也能確保乾淨的水資源。從經濟上來說，這些景觀也為永續的觀光發展增添不少實力。莫爾認為：「當地球面臨氣候危機和大規模物種滅絕的處境時，保護我們最後的自然區域就成了存亡的關鍵。成立新的生物圈保護區是保護自然資源免受人類剝削、極度毀滅自然的水力發電廠和水壩興建及沉積物開採計畫等威脅的重要一步。它是鋪展永續天人共存關係的必要基石。」（National Parks Traveler, 2019；臺灣國家公園，2019）

　　歐洲此一洪泛平原（floodplain）的特色與重要性在於洪泛平原是濕地的一種，當洪水漫溢到洪泛平原，起伏地形以及植物摩擦作用（特別是樹林）讓洪水流速降低，大量的洪水滯留在平原，有些被如海綿般的土壤吸收、進入地下涵水層，有些低窪處形成暫時的小池塘，故可以蓄涵大量的洪水，減少下游的洪水量（臺灣濕地網，2020）。

　　相較之下，巴西亞馬遜熱帶雨林（Amazon Rainforest）卻

---

[6] 2021 年 7 月 14 日以德國西北部、比利時和荷蘭等國為主的西歐，發生百年來最嚴重的洪災，極端雨量造成河流潰堤、房屋沖毀和土石流，至少 200 人死亡，3000 人失蹤，氣候變遷問題頓時成為德國 9 月新總理大選的熱門議題（茅毅，2021；黃靖媗，2021；鍾玉玨，2021）。這更顯示成立歐洲亞馬遜保護區以防止洪災的重要性。

在政府實施經濟全球化和市場化策略下，一直經歷著土地過度開發和環境破壞的問題，包括國家釋出熱帶雨林的公共土地給國內外投資者而出現全球搶地（global land grab）的現象，或是在大規模農企業投資下，巴西熱帶雨林遭到砍伐濫墾，附近小農土地被高價收買，不但造成土地更為集中，而且政府在熱帶雨林周遭不斷從事運輸交通和經濟生產的基礎建設（李碧涵，2004；Oliveira, 2013）。目前巴西破壞亞馬遜熱帶雨林主要是為了大量種植黃豆而出口賣給中國等的全球市場，且農作噴灑農藥造成環境汙染，因此德國和挪威認為巴西正在實施破壞森林政策，而於 2019 年 8 月宣布暫停提供資金給以保護熱帶雨林為宗旨的亞馬遜基金會（Amazon Fund）（謝汶穎，2019）。

另一方面，我們要問巴西亞馬遜熱帶雨林永續發展的可能性是什麼？巴西熱帶雨林正在發展其新契機，有些雨林退化土地已開始種植古老南美洲的印加樹（Sacha Inchi）作為經濟作物，它是豆科植物，能將氮氣固定在土壤中而提高土地的肥沃度和生產力；可在很貧脊的土壤快速生長，也增加土壤滲透性、減少水土流失；印加果實是可食用水果，可拿至市場去賣；印加果乾燥後可榨油，印加果油富含 Omega-3，在 2004 年瑞士油品展讓歐美人士趨之若鶩（台灣這十多年來在南投和嘉義等地也有種植，甚至成立印加果合作社）；樹葉可做為牲畜飼料，樹木可當作燃料（綠藤生機，2020）。

在此，我們也同時要檢討各國資本主義發展是否採取無悔發展策略（no-regret development strategy）呢？是否綠色產業政策當道呢？因為當前世界很多國家仍然實行違反環境保護的產業政策，使得地球持續被污染，我們需要重新檢視當前資本主義發展的產業政策是否為無悔發展/環境政策，並且正視全球生態過度開發造成的環境浩劫問題。我們要讓綠色產業政策成為主流，才能有助於減緩氣候暖化，甚或達成環境正義的目標。例如在丹麥，政府與企業聯合成立國際綠色智庫（International Green Think Tank），提供乾淨技術（clean technology）的諮詢，減少污染與廢棄物排放，在都市更新計畫中納入「生態城市」（ecological city）做法，並將技術輸出給其他國家。荷蘭則注重能源使用與能源開發，新建築物與生產電器用品都有省電要求，積極鼓勵天然氣發電與汽電共生。德國是透過社會運動和全民共識支持環境保護，以及綠黨崛起，迫使德國政府貫徹實行綠色能源主導發展的生態形式（Boggs, 1989）；而且德國綠黨在 2000 年執政，還有後來也有時共組聯合政府，標榜綠色政治而積極推行環境生態保護。至於澳洲則投入開發生質能源，例如以香蕉發電，也致力於生態保護如大堡礁珊瑚白化問題，和無尾熊保護區與鳥類生態保護行動等，如圖 4 所示。但是甚為遺憾的是 2019-20 年澳洲大規模的山火嚴重威脅物種和生態群落棲息地（立場科學，2020）。

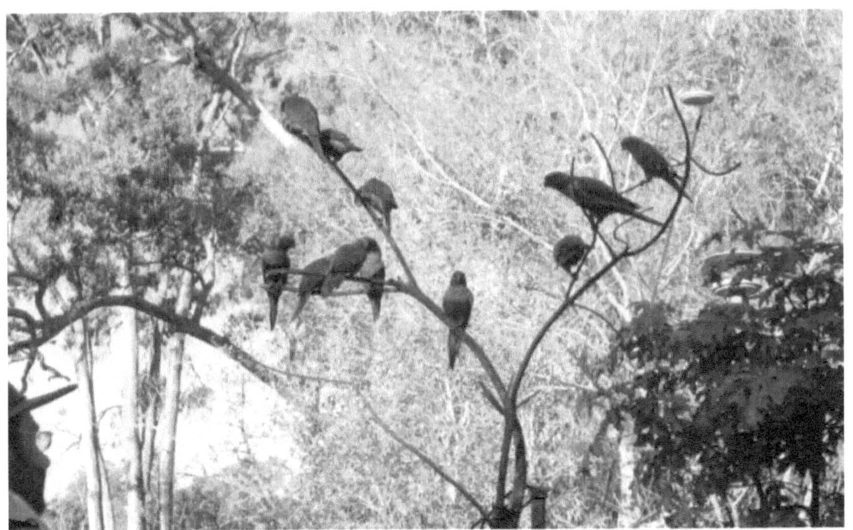

圖 4 澳洲布里斯本龍柏無尾熊保護區（Lone Pine Koala Sanctuary）河邊的彩虹鸚鵡（rainbow lorikeet）

資料來源：2006 年作者至澳洲執行一項研究計畫時攝於昆士蘭州布里斯本龍柏無尾熊保護區。

　　臺灣有甚麼永續發展的行動呢？要走什麼節能減碳之路呢？臺灣自 1980 年代開啟體制外各項社會運動，1990 年代持續發展環境保護運動與教育改革運動，廿一世紀則是與全球同步崛起新世代網路串聯行動，包括搶救樂生運動、大埔農民抗爭、中科三四期抗爭，以及反國光石化、灣寶、永揚垃圾場，和 430 廢核行動，都顯示當前公民社會自主行動力量以展現對社會公平和環境永續發展的訴求。當前臺灣也致力於發展綠色能源，但太陽能發電有的建設在廢耕稻田上，這會擠壓良田農用，又有的建在近海的魚塭上，卻破壞養殖漁業和海岸景觀；最近這幾年發展的風力發電，是政府獎勵本土企業引進外資和技術合作，已在苗栗、竹南、彰化等外海建設風力發電機，但卻引起當地居民、漁民和環保團體的強烈反對。臺灣且前綠能比例相當低，前幾年重啟核二發電，且增加燃煤燃氣（尤其是中部燃煤火力發電）而造成溫室氣體排放增高，雖然台灣人均溫室氣體排放並非全球最高，但臺灣地窄人稠，尤其當西部海岸季風吹向島內的時候，大型火力發電導致中部及高雄等西部沿海地區空氣汙染相當嚴重。事實上，臺灣可以像挪威全面推廣綠色經濟和電動車，例如挪威政府提供電動車的政策獎勵誘因包括享有公共停車場免費充電和停車優惠，以及免昂貴的燃料稅等。當然，臺灣同時需要進行大幅度且全面的產業結構轉型，將高耗能高污染產業代之以如丹麥力行的潔淨生產，也要充分發展先進國家成熟型的服務業（包括個人服務業、企業/生產者服務業，和社會服務業），以及強化具有地方文化特質的創意產業。

陸、全球資本主義的多樣性制度安排與必要的制度改革，以達成公平／永續的社會發展新典範

　　面對資本主義下全球新不平等和社會永續諸多問題，我們首先要省思什麼樣的人類發展是我們要追求的？1998 年諾貝爾經濟學獎得主沈恩（Amartya Sen）（Sen，1999）提出發展即自由（Development as Freedom ），也就是發展在於擴張人們享有真實自由的過程，而自由的真諦在於個人有能力去做他認為有價值的事。發展也要更加關注人們的生活品質與自由民主提升，例如就業自由。發展不只是經濟成長，尚包含社會機會的擴張與民主政治權利和自由的增進。沈恩主張發展必須同時考慮自由與效率，以及自由與不均，因為市場效率本身並不保證公平分配，必須透過制度安排以創造基本社會機會，彌補市場機制的不足，而公共財例如基礎醫療和教育的制度安排就是提供人們基本能力（劉楚俊〔譯〕，2001；李碧涵，2012；李碧涵、蕭全政，2014，2016）。

　　但是全球資本主義有多樣性制度安排，因為若資本主義經濟是獨立自主的，只依單一的市場邏輯而運作，那麼各國資本主義的政策和制度安排就應該是相當接近。實存的狀況卻是不同國家體制的制度安排呈現相當大的分歧和多樣性。根據Esping-Andersen（1987, 1990, 1999 ）對先進國家福利資本主義的分析，英美、歐陸和北歐體制之間制度安排的主要差異在於市場、國家與家庭各自扮演著不同角色，如表 1 所示。英美自由體制以自由市場為核心角色；歐陸與南歐統合體制，甚至東亞國家，則是家庭和社會群體扮演主要角色，而國家是輔助性質；北歐社會民主體制是由國家扮演核心角色而介入經濟與社

會；但是 1980 年代歐美福利國家改革使這三種體制都共同走向市場化（marketization）和商品化（commoditification）方向。

表 1 英美自由體制、北歐社會民主體制和歐陸統合體制的制度安排差異

	（英美）自由體制 （Liberal）	（北歐）社會民主體制 （Social democratic）	（歐陸）統合體制 （Corporatist）
角色扮演：家庭（family） 市場（market） 國家（state）	邊際性的 核心的（如美國健康保險） 邊際性的	邊際性的 邊際性的 核心的（教育和醫療完全免費，但前提是所得重分配政策）	核心的（家庭主義） 邊際性的 輔助性的（國家主義）
社會凝聚 （social solidarity）的主要方式	個人主義（individualism）	普遍公民權或普遍主義（universalism）	親屬或家庭制度（familialism） 統合主義（corporatism, 國家介入勞資關係） 國家主義（statism, 公務人員薪水高，其福利及於配偶與小孩）
社會凝聚的主要場域	市場	國家	家庭
去商品化 （de-commodification）的程度	極小	極大	高（國家給家計負擔者優渥的福利和服務）

資料來源：Esping-Andersen（1987, 1990, 1999）；李碧涵（2000，2005）；李碧涵、蕭全政（2016）。

英美提倡的新自由主義全球化策略強調自由市場，故採取市場化路線，政府保護市場/企業/資本，主張只要放諸市場去自由運作，企業的發展和服務一定會滿足人民和消費者的需求；不過自 1980 年代英美及其主導他國的市場化發展，實行個人化的勞資關係，以及勞動市場和工資彈性化，造成嚴重的貧窮和社會不平等。北歐則讓個體依附於國家，國家照顧全民需求，讓個體得到充分資源並維持高就業率，如此制度安排立基於全民對工作倫理和平等價值的共識，而且國家透過高稅率所得重分配政策，提供全民所需的教育、醫療、所得、就業，及各項服務與資源，終而成就其在全球評比享有最佳的性別與社會平等。至於在歐陸、南歐，或是東亞，個體主要依附在家庭，國家照顧男性家計負擔者，很多女性因為家庭制度安排或社會文化限制而無法獨立自主去做想做的事，且勞動市場彈性化重整而增加僱用部分工時或臨時性勞工，更加擴大社會不平等。上述三大體制自 1980 年代共同採取的制度改革方向都是市場化，

只是程度有別而已（李碧涵，2000，2002，2005；李碧涵、蕭全政，2016）。

基於上述全球資本主義的多樣性制度安排，作者要提出資本主義必要的改革如下：

一、經濟體制不能只依靠市場法則的運作，而是要鑲嵌在社會總體，若能有較公平的社會和全民購買力提升，才可能建立長久經濟繁榮的基礎。

二、自由市場權力不能無限擴張，必須受到適當的規範和管制，因此適度的國家介入是必要的。

三、公民社會群體要能充分發展，它與經濟/資本、政治/政策要有良好互動，才能讓資源有公平分配。

四、經濟、政治和社會文化等組成的社會總體要納入環境邏輯，讓人類社會與自然環境有和諧良好的關係。

儘管如此，上述三大體制從 1980 年代開始進行福利國家改革的共同方向都是市場化，如圖 5 實線箭頭所示。作者認為若要平衡市場、國家和公民社會群體間的關係，這三種體制是必須依循圖 5 中的虛線箭頭而達到核心圓點所代表的市場、國家和公民社會群體間的平衡關係。詳細而言，英美過去的過度市場化傾向是需要有更多的國家政策來規範市場力量，並且要發展強大的公民社會而能不屈服於市場權力；北歐在採取市場化措施後，更需著重於公民社會的充分賦權與多元發展以對抗逐漸強大的市場權力；歐陸在市場化之後，國家仍需給予公民社會群體更多的發展資源以補足市場失靈的狀況。至於臺灣一直是有很多的國家介入，但卻是常有不當的政商關係，這需要更

多有效的國家政策來規範市場/企業影響力、提供充足的社會機
以緩和社會和性別不平等，也讓公民社會能得到充分賦權和支
持。因此，作者提出公平與永續的社會發展是需要平衡市場、
國家角色、公民社會群體，以及所處自然環境等之間的關係。

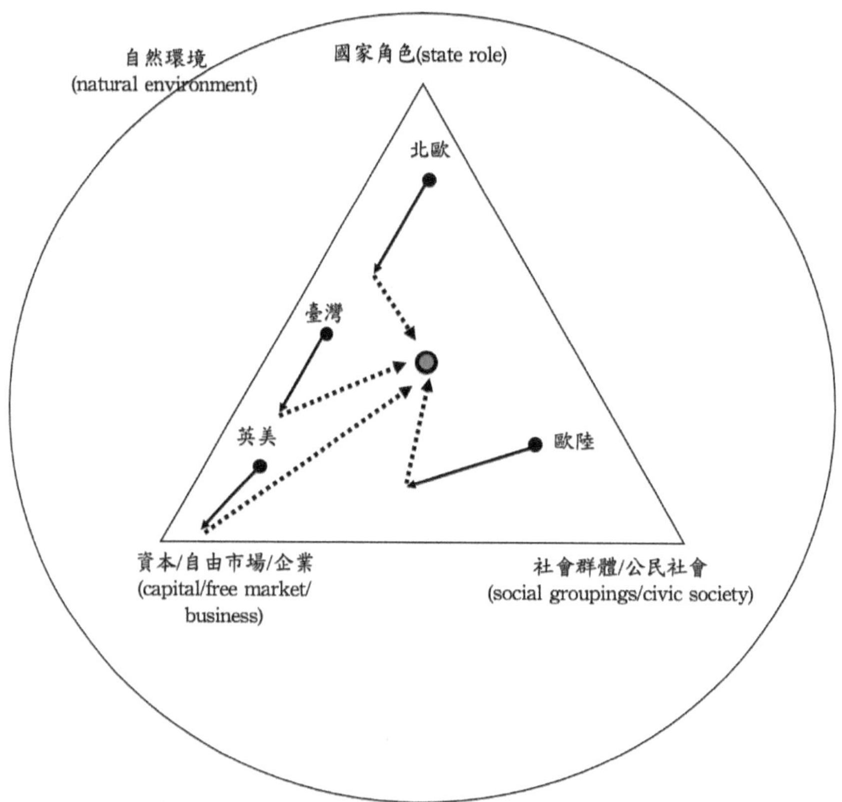

圖 5 英美/北歐/歐陸/臺灣的國家角色、市場、公民社會群體以及自然環境間的關係
走向
註：⟶ 代表北歐、英美與歐陸自 1980 年代至今的市場化改革方向；┈┈┈▶
代表作者建議未來的改革方向，即往核心圓點達成平衡國家、市場和公民社會群體
之關係
資料來源：作者自行繪製。

　　我們接著要討論如何思考並選擇制度改革以達到公平/永
續的社會發展呢？聯合國發展計畫署（UNDP, 2019）提出兩百
多年來人類世全球新不平等問題源自於新科技形成的市場權力

集中與氣候變遷造成的經濟災害，並建議我們應該從下面幾個基本概念加以思考改善：首先是必須超越所得，增進個人能力，一如沈恩（Sen, 1999）所主張個人能力的強化與提升才能有助於得到更多機會和資源。其次是必須超越單一面向的平均數，而強調多元面向的發展，例如在不同地區、不同時間，和不同人群的表現等。再者是必須超越今日，強調跨世代或跨世紀的人類發展。誠如 Barry（1999）早就指出永續發展必須考量當下與未來代間分配正義存在最基礎的公平，這有賴平等、責任、生存的關鍵利益（vital interest）和互利四個原則；永續性指給予未來選擇的機會（例如飲用乾淨的水、呼吸良好空氣的選擇等）。聯合國發展計畫署（UNDP, 2019）指出全球人類發展的不平等主要存在於身處弱勢、政經權力不平衡，以及性別不平等；在目前政治不斷退縮而造成經濟權力極度擴張之際，我們必須靠著非政府的力量採取即時行動。

基於此概念思考，聯合國發展計畫署（UNDP, 2019）建議我們應做的制度改革如下：一、在個人能力的提升與資源取得方面，必須有制度的改革包括提供個人的教育與生活機會，提升個人的基本能力與進階能力，讓個人有足夠的機會和充分的資源去做他想做的事，降低不平等。二、平衡政治力量與經濟力量，必須運用政治權力或政策來減緩某些經濟社群對政治和社會有不成比例的影響力，而把人民放在決策的核心，才可能平衡政治、市場與社會群體三者之間的權力。三、社會公平永續新價值的認知與覺醒，尤其更要能利用技術的進步來降低人類發展的不平等。

作者特別檢視過去 30 多年來英美兩國所主導的新自由主義全球化發展策略，發現各國政府與企業都相信市場萬能，而全力提倡經濟自由化和開放市場，其結果是自由市場主導全球發展，到處充斥經濟成長優先、市場和企業至上的論調和做法。而且政府角色退縮和減少公共支出，也縮減社會權，在文化意識形態上卻又鼓勵物質消費主義以提振經濟，並且在環境上採取開發主義以增進企業利益。但是如此新自由資本主義全球化發展的結果卻是造成貧富差距惡化、社會不平等加劇，及社會排斥（social exclusion）增加。可見全球資本主義的經濟成長是嚴重犧牲公平/永續的社會發展，當前資本主義已走在自我毀滅的道路上。

因此，本書提出的全球資本主義發展的新典範，是基於公平/永續發展價值所形塑政府、企業與公民社會群體的嶄新關係與發展。此新典範主張自由市場並非萬能，市場須輔以制度安排與民主治理，才能在經濟面向重視經濟生產合作與合理分配以及企業社會責任，在政治面向強調民主自由與政治道德勇氣，在社會面向落實社會公平正義與社會權，在文化面向強調文化多元創新與綠色價值，以及在環境面向要重視生物多樣性與環境永續。作者尤其認為社會平等與公平分配應該作為政府施政內容與目標，且強調市場、國家與公民社會群體三者之間要有平衡的關係，而非目前新自由資本主義時代政府向資方/自由市場靠攏，實行偏向資方的供給面經濟策略。

作者主張各國政府在開放市場的同時也要平衡社會發展。各國應有的必要改革包括：一、監管過度的市場化，穩定經濟和社會，維護勞工的工作權並提供社會保障；二、提供公共財（教育和健保等），促成資源和機會均等；以及三、所得重分配，實行累進所得稅率以達賦稅公平（李碧涵、蕭全政，2014，2016，2019）。但是當前各國資本主義的市場化政策導致貧富不均，教育、健康與所得不平等，也使個人機會受到限制。諾貝爾經濟學獎得主沈恩就主張政府要提供公共財，讓個人有能力去工作或做想做的事情（劉楚俊〔譯〕，2001；Sen，1999）。

　　針對美國資本主義嚴重的金錢政治與不平等問題，Stiglitz（2019）主張美國的金錢政治必須被削弱，唯有全新的政治生態才能成功推動必要的經濟改革和解決極端不平等。若沒有政府行動，有錢人會更肆無忌憚的剝削窮人；若採叢林法則，勝利的必將是有錢人與掌權者。當經濟不平等造成政治不平等，政治不平等又回頭強化經濟不平等，要破除如此惡性循環唯有出現巨大的制衡力量，也就是「人民的力量」，而且各社會運動間彼此和諧的與政黨合作，才可能產生比金錢更大的力量，抑制金錢對民主政治的控制和影響力，且同時降低貧富懸殊。美國若能有一個更均等的社會，才可以避免權力集中和民主政治的困境。Stiglitz（2019）建議當前美國必須重建經濟成長與社會正義，讓多數人擁有中產階級生活。而這需要各方面的行動，尤其政府必須承擔更大的責任，讓每個人都能發揮自己的潛能，讓個人獲得真正的自由。在重建經濟方面，必須著手管理市場，讓市場恢復應有的功能，例如落實市場競爭法律、以及良善管理全球化與美國金融產業等，以及促進更有活力的綠色經濟。在增進社會正義方面，要能有更包容與更有保障的社會，包括維護就業機會和為全民提供更好的醫療、教育、住宅及金融保障；尤其在就業方面，應該給予人民一項新權利，也就是「每個有能力且願意工作的人都應該擁有就業機會」，美國也應該創造更優質的就業機會，平衡勞工與雇主的權利關係，而且當市場失靈、政府的財政政策與貨幣政策也失靈時，政府就必須介入勞動市場。

　　Stiglitz（2016, 2019）一再指出單靠市場力量本身絕對無法確保社會正義與機會，因此政府的重要角色之一就是促進社會正義，讓每個人都可以維持生計和生活品質，也確保年輕人學習所需的技能和獲得相稱的就業機會。但這必須同時由政治端和企業端改造市場結構，因為不平等是在所得創造過程中發生的，故必須改革公司治理法律與競爭法律、實施更優質的勞動法律和各項監理規定，以及實施累進稅率、移轉性支出及公共支出計畫，才能讓市場所得分配變得更為平等（稱為預分配）。Stiglitz（2019）還認為美國經濟與社會也要能適應氣候變遷與人口結構變化的挑戰，才能提高經濟成長與總需求，並且重建世代正義。美國除了必須調整產業結構以符合未來經濟發展方向之外，政府也必須透過積極勞動市場政策，例如北歐的措施，再加上基礎建設投資，才能快速創造全新和優質的就業機會；美國實質工資成長緩慢，且只有 70%的工作年齡人口有工作，這是遠低於歐洲國家，且尚有 3%的勞工找不到全職工作而只能從事非自願兼職工作；美國也要提供失業人口較完善的社會安全保障，而且由政府雇用勞工，促使底層工資上升，有助於改善不平等狀況。在重建世代正義方面，Stiglitz（2019）認為美國要增加公共與民間投資於基礎建設和技術，以提供年輕人充足的教育並能發揮潛力；其次是地球無可取代但卻不斷被掠奪，面對氣候變遷造成危險的後果，必須制定有利於後代的環保政策而不能只是用成本效益分析來考慮；第三是要去除妨礙年輕人自由選擇職業、成家或購屋能力，以解決跨世代福祉的鴻溝。

　　事實上，歐盟對社會不平等、經濟成長和社會發展的看法迥異於美國當代執政者和主流經濟學家。歐盟執委會（European Commission, 2014）的研究結論指出較平等的社會在經濟成長與就業復甦方面表現得較好，因為短期有助於消費，而教育機會與健康服務有助於人力資本和長期經濟成長。OECD 研究發現所得不平等降低將會提振經濟成長，且所得不平等降低的國家較不平等升高的國家反而能成長更快，因為所得不平等傷害成長，其背後的主要因素是窮人缺乏教育投資（Cingano, 2014）。Esping-Andersen（2002, 2009）也早就提出歐盟未來世代發展藍圖，他認為歐洲國家並不接受英美新自由主義倡導個人主義和市場化的「好社會（good society）」藍圖，因為歐美新自由主義對「好社會」的定義是立基於市場機制，但歐盟的發展藍圖是立基於社會正義，主張以社會包容（social inclusion）及社會公平（social equity）作為發展的優先原則。Esping-Andersen（2002）也引述沈恩的看法，認為市場效率本身並不保證公平分配，要透過社會機會的創造與普及，才能符合社會公平與正義，而這需要國家的介入。

作者也要提出資本/企業的持續獲利和永續經營是要鑲嵌在社會總體，也同時鑲嵌在全球與各地發展。但是當前金融自由化與全球化卻是讓資本/企業獲利與地方發展脫鉤。換句話說，全球資本主義的公平永續發展是需要各國社會的整體發展，但是現在世界各國的經濟成長都不是全面或永續成長，而只是某些部門的擴張或短暫性成長，或是富人的奢侈性消費帶動的經濟成長。新自由主義全球化市場開放的結果只有資方是贏家，而勞工等各公民社會群體和政府都是輸家，但資方只是社會中的少數人。如此非包容性成長模式（non-inclusive growth model）終究有其極限，因為經濟的總需求不能只依靠富人和資方，社會不平等加劇更會危害進一步的經濟成長。

柒、結論

　　本書由市場權力集中與全球新不平等問題出發，進一步探究全球資本主義的社會永續困境與必要的制度改革。作者提出的分析架構主要是資本主義經濟鑲嵌在社會總體且經濟與政治具交集的關係，以及社會總體又鑲嵌在自然環境。書中分析內容朔源自 18 世紀工業革命後至今的人類世，由於新科技發展廣泛運用在產業和生活，以及自然環境的氣候變遷反撲不斷帶來各地經濟災害，都形成全球新不平等。作者特別著重在討論自 1980 年代新自由主義全球化的市場化策略，其加速深化貧富懸殊和全球不平等，嚴重造成社會永續的困境。

　　本書除了深入討論英美兩國市場至上全球化策略惡化全球新不平等，也對照比較歐洲亞馬遜森林與巴西亞馬遜流域之環境制度選擇差異，並論及其他國家和臺灣的環境特色和問題。作者認為在資本主義多樣性制度安排之下，為了化解社會永續困境並達成公平/永續的社會發展，全球與各國必須進行的制度改革首先是要平衡自由市場、國家介入和公民社會群體三者間的關係，並思考選擇制度改革內容，包括在提升個人能力和資源取得、把人民放在政府政策核心才能減低經濟權力的不當掌控力，以及社會公平永續新價值的認知和覺醒。唯有如此才能翻轉當前新自由資本主義經濟成長優先和市場/企業至上而壓制社會權、社會包容及公平永續的正常發展。

　　總之，作者認為人類的經濟政治、社會文化價值等社會總體都必須是鑲嵌在所處的自然環境之中，要透過政治、經濟和社會的嶄新制度安排才能達成社會公平永續與自然環境永續的雙贏發展，讓人類與其所生活的自然環境能存在和諧、相生相成的互動關係。本書建議當前各國急需進行非新自由主義導向的發展策略與制度改革，包括在政治經濟、社會文化價值，和自然環境間的全新關係互動，以及非市場中心的制度安排和改革，才能徹底解決社會永續發展困境和全球不平等，而使資本主義朝向並達成公平/永續的社會發展新典範。

後記

✧ 2020 年初至今新冠病毒疫情下唯一的受益者是誰呢？作者認為是大自然（the nature），包括生態環境與動植物復育。以下幾個實例印證本書主張的社會總體與自然環境互為鑲嵌的關係。

✧ 美國太空總署（NASA）和歐洲太空總署（European Space Agency）在 2020 年 3 月監測到過去兩個月，中國的二氧化碳排放量下降 25%，義大利疫情最嚴重的北部二氧化氮濃度已急遽下降，這是人類的防疫隔離措施讓地球意外得到喘息機會（黃嬿，2020a）。

✧ 臺灣於 2021 年 5 月雪山封山之後，臺灣野山羊出現在七家灣溪喝水、山羌出現於觀霧管理站咖啡廳前探門（蔡政珉，2021），及武陵農場帝雉成群在桃山瀑布步道上覓食，也出現珍貴稀有保育動物大冠鷲（周妗妗，2021a，2021b）。阿里山國家森林遊樂區封閉後出現山羌、帝雉、酒紅朱雀動物當家做主（蔡宗勳，2021）。

✧ 阿根廷國家公園因疫情封園後，2021 年 6 月出現瀕臨絕種動物巨獺（Pteronura brasiliensis，又稱巴西大水獺）。牠是水生生態系重要的頂級獵食者，能調節魚類的數量。阿根廷野化基金會保育主任迪馬蒂諾（Sebastián Di Martino）表示能跟牠們共享環境十分美好（張家瑋，2021）。

✧ 但是已超過 1 年半的疫情，誰又受到嚴重衝擊呢?作者看到的是人民。國際勞工組織（ILO）提出當前疫情造成全球工時減少，失業率上升（尤其是年輕人）（王芊凌，2020）；世界銀行（WB）指出赤貧者（每日生活費低於 1.9 美元）大增（諶悠文，2020）；目前世界各國為防疫而勞工被要求在家工作（work from home, WFH），但 WFH 又成為中上階級的特權，一項調查顯示美國 3 月底禁足令期間，低經濟社會階級只有 3%能在家工作，中高階級有 48% 在家工作（黃嬿，2020b）。這些狀況已使全球不平等又再次惡化。

參考文獻

中文部分：

王芊凌（2020）。〈疫情衝擊產業！國際勞工組織：六分之一年輕人失業，影響恐持續數十年〉。Heho 健康。https://reurl.cc/EnGAX1。檢索日期：2020/06/03。

主計總處（2019）。〈108 年家庭收支調查報告〉。臺北：主計總處。

立場科學（2020）。〈研究：澳洲山火影響約 30 億隻動物　現代歷史最嚴重自然災害之一〉，https://www.thestandnews.com/nature/研究-澳洲山火影響約-30-億隻動物-現代歷史最嚴重自然災害之一/。檢索日期：2020/07/30。

李文、劉子維（編譯）（2015）。〈新聞焦點：巴黎氣候協議總結〉。BBC News 中文。https://www.bbc.com/zhongwen/trad/world/2015/12/151213_background_climate_deal_summary。檢索日期：2015/12/25。

李碧涵（2000）。〈市場、國家與制度安排：福利國家社會管制方式變遷〉，論文發表於《全球化下的社會學想像：國家、經濟與社會》學術研討會，國立臺灣大學社會學學系與台灣社會學社主辦，臺北市：國立臺灣大學應用力學所國際會議廳與社會系館，2000 年 1 月 15-16 日，頁 1~21。於：http://www.ios.sinica.edu.tw/tsawww/index.htm。

李碧涵（2001）。〈知識經濟時代國家競爭力的社會經濟分析〉，《國家發展研究》，1 卷 1 期，頁 27-61。

李碧涵（2002）。〈勞動體制的發展：全球化下的挑戰與改革〉，《社會政策與社會工作學刊》，6 卷 1 期，頁 185-219。

李碧涵（2004）。〈1990 年代經濟全球化對第三世界的影響：巴西、墨西哥和印尼的個案分析〉，《社會新天地》，第 8 期，頁 21-31。

李碧涵（2005）〈福利國家向右走：工作福利國家的創新性改革〉，論文發表於 2005 年台灣社會福利學會年會《社會暨健康政策的變動與創新趨勢：邁向多元、整合的福利體制》學術研討會。高雄：高雄醫學大學。論文收錄於《2005 年台灣社會福利學會年會 社會暨健康政策的變動與創新趨勢：邁向多元、整合的福利體制 學術研討會論文集(一) 》，頁 182-200。

李碧涵（2012）。〈新自由主義與社會分配正義〉，論壇 I：跨界與正義的議題〈發展與正義〉與談投影片，發表於《第四屆發展研究年會 The Fourth Annual Conference on Development Studies in Taiwan 跨 X：風險與正義 Trans-X: Risk and Justice》，國立臺灣大學國家發展研究所主辦，臺北市：國立臺灣大學霖澤館與國家發展研究所。2012 年 10 月 20-212 日，頁 1-28。

李碧涵（2016）。臺大開放課程（Open Courseware, OCW）及台灣通識網線上課程【國家與社會發展】單元 6 投影片/影片，2016/09 - 2017/01 錄製，2018/03 全部上線。國立臺灣大學 http://ocw.aca.ntu.edu.tw/ntu-ocw/ocw/cou/105S202/6 及台灣通識網 http://get.aca.ntu.edu.tw/getcdb/handle/getcdb/395284?un=6。

李碧涵、蕭全政（2014）。〈新自由主義經濟社會發展與分配問題〉，《國家發展研究》，14 卷 1 期，頁 33-62。

李碧涵、蕭全政（2016）。〈從制度觀點探討個體和性別的不平等〉，《國家發展研究》，15 卷 2 期，頁 43-90。

李碧涵、蕭全政（2019）。〈新自由主義全球化時代勞動所得份額下降之探討〉，《國家發展研究》，18 卷 3 期，頁 1-44。

周姈姈（2021a）。〈武陵農場沒了旅客！　出現超罕見野生動物〉。ETtoday 新聞雲。
https://travel.ettoday.net/amp/amp_news.php7?news_id=2001793&from=googlequicksearchbox。
檢索日期：2021/06/20。

周姈姈（2021b）。〈沒了旅客！武陵農場生態大爆發　再度出現「稀有野生動物」〉。ETtoday 新聞雲。
https://travel.ettoday.net/article/2007250.htm#ixzz70U1MNdWO。
檢索日期：2021/06/20。

姜雪影、朱家一合譯，史迪格里茲（原著）（2010）。《失控的未來：揭開全球中產階級被掏空的真相》，臺北：天下文化。（Stiglitz, Joseph E. (2010) Freefall: Free Markets and the Sinking of the Global Economy. UK: Allen Lane.）

茅毅（編譯）（2021）。〈西歐洪災 1300 人失蹤　德國慘如海嘯過後〉。自由時報電子報。
https://news.ltn.com.tw/news/world/paper/1461209。檢索日期：2021/07/18。

張家瑋（2021）。〈絕跡 40 年野生「巨獺」現身 阿根廷保育團隊超振奮〉。鏡週刊 Mirror Media。
https://www.mirrormedia.mg/story/20210610web010/。
檢索日期：2021/06/17。

張錦俊（1998）。公民權之國家與社會分析—以一九八〇年代英國為例，國立臺灣大學國家發展研究所碩士論文。

黃靖媗（2019）。〈美退出巴黎氣候協定降級觀察員〉。自由時報電子報。https://news.ltn.com.tw/news/world/paper/1330111。
檢索日期：2020/06/17。

黃靖媗（編譯）（2021）。〈歐洲洪災德國已 42 死 70 失蹤〉。自由時報電子報。https://news.ltn.com.tw/news/world/paper/1461007。
檢索日期：2021/07/18。

黃嬿（2020a）。〈人類防疫讓地球獲得喘息機會，NASA 科學家稱景象從未見過〉。 TechNews 科技新報。
https://technews.tw/2020/03/19/the-only-beneficiaries-is-the-earth/。
檢索日期：2020/05/15。

黃嬿（2020b）。〈在家工作防疫，調查：中上階級的特權 〉。TechNews 科技新報。
https://technews.tw/2020/04/06/not-everyone-can-working-from-home/。檢索日期：2020/05/15。

綠藤生機（2020）。〈印加果怎麼吃？提升免疫力，不能錯過 2020 十大超級食物！〉。
https://blog.greenvines.com.tw/gv-clean-beauty-perspectives/food_trend_in_2017/。檢索日期：2020/06/17。

臺灣國家公園（2019）。歐洲亞馬遜——連跨 5 國自然保護區即將成立，
https://np.cpami.gov.tw/公園專欄/他山之石/10191-歐洲亞馬遜-連
跨 5 國自然保護區即將成立.html。檢索日期：2020/06/17。.

臺灣濕地網。〈「濕地主題介紹」：城市滯洪與洪泛平原〉。
https://wetland.e-info.org.tw/quiz/conservation-flood。
檢索日期：2020/06/17。

劉楚俊（譯），Amartya Sen（原著）（2001）。《經濟發展與自由》。
臺北：先覺文化。

劉瑞華（譯），North, Douglass C.（原著）（1990）。《制度、制度變遷
與經濟成就》。臺北：時報。

蔡宗勳（2021）。〈封園後人跡罕至阿里山變野生動物天堂〉。自由時
報電子報。https://news.ltn.com.tw/news/life/breakingnews/3574504。
檢索日期：2021/06/24。

蔡政珉（2021）。〈封山之後…雪山野生動物出沒覓食、山羌還到咖
啡廳探門〉。自由時報。
https://news.ltn.com.tw/news/life/breakingnews/3570101。
檢索日期：2021/06/17。

諶悠文（2019）。〈顧經濟川普又廢環保法規〉。中時新聞網。
https://www.chinatimes.com/newspapers/20190915001017-260119?
chdtv。檢索日期：2020/06/17。

諶悠文（2020）。〈6000 萬人淪赤貧世銀努力歸零〉。Yahoo 新聞。
https://reurl.cc/kZkD7d。檢索日期：2020/05/15。

謝汶穎（2019）。〈印加樹「拯救」雨林退化土地 小農戶可以靠自己
重新開墾〉。ETtoday 新聞雲。
https://www.ettoday.net/news/20191101/1570228.htm
#ixzz65zQR7jDZ。
檢索日期：2020/06/17。

鍾玉玨（2021）。〈德比遭世紀洪患吞沒至少 120 死〉。中時新聞網。
https://www.chinatimes.com/newspapers/20210717000083-260309?
chdtv。
檢索日期：2021/07/18。

羅耀宗（譯），史迪格里茲（原著）（2013）。《不公平的代價：破解
階級對立的金權結構》。臺北：天下。(Joseph E. Stiglitz. (2012) The
Price of Inequality: how today's divided society endangers our
future. W. W. Norton.)

英文部分：

Barry, Brian (1999). Sustainability and Intergenerational Justice. In Andrew Dobson, Fairness and Futurity, Oxford and New York: Oxford University Press.

Block, Fred (1987). "Political Choice and Multiple 'Logics' of Capital." In Fred Block, Revising State Theory: Essays in Politics and Post-industrialism. Philadelphia: Temple University Press.

Boggs, Carl (1989). Social Movements and Political Power: Emerging Forms of Radicalism in the West. Philadelphia: Temple University Press.

Boyer, Robert & Daniel Drache (eds.) (1996). States Against Markets: The Limits of Globalization. London and New York: Routledge.

Cingano, Federico (2014). Trends in Income Inequality and its Impact on Economic Growth, OECD Social, Employment and Migration Working Papers, No. 163, OECD Publishing. Website: http://dx.doi.org/10.1787/5jxrjncwxv6j-en

Dryzek, S. John (2013[1997, 2005]). The Politics of the Earth: Environmental Discourses, Oxford and New York: Oxford University Press.

Eder, Klaus (1996). The Institutionalisation of Environmentalism: Ecological Discourse and the Second Transformation of the Public Sphere. In Scott Lash, Bronislaw Szerszynski and Brian Wynne (eds.), Risk, Environment and Modernity- Towards a New Ecology, London: Sage Publications, pp.203-223.

Esping-Andersen, Gøsta (1987). The Comparison of Policy Regimes: An Introduction. In M. Rein, G. Esping-Andersen & L. Rainwater (eds.) Stagnation and Renewal in Social Policy, New York: M. E. Sharpe.

Esping-Andersen, Gøsta (1990). The Three Worlds of Welfare Capitalism. Cambridge: Polity Press.

Esping-Andersen, Gøsta (1999). Social Foundations of Postindustrial Economies. New York: Oxford University Press.

Esping-Andersen, Gøsta (2002). Toward the Good Society, Once Again? In Gøsta Esping-Andersen, Duncan Gallie, Anton Hemerijck and John Myles (eds.), Why We Need a New Welfare State, New York: Oxford University Press.

Esping-Andersen, Gøsta (2009). The Incomplete Revolution: Adapting to Women's New Roles. Cambridge: Polity Press.

European Commission (2014). EU Employment and Social Situation, Quarterly Review (December 2014). Brussels: European Commission.

Gorz, Andre (1980). Ecology as Politics. Montréal: Black Rose Press.

Gorz, Andre (1994). Capitalism, Socialism, Ecology. London and New York: Verso.

ILO (2014). Global Wage Report 2014/15: Wages and Income Inequality. Geneva: International Labor Office

National Parks Traveler (2019). "Amazon Of Europe" Would Create Sprawling Nature Preserve Across Five Countries, https://www.nationalparkstraveler.org/2019/10/amazon-europe-would-create-sprawling-nature-preserve-across-five-countries。Retrieved date: 2020/06/17。

North, Douglass C. (1993). "Institutional Change: A Framework of Analysis." In Sven-Erik Sjostrand (ed.), Institutional Change: Theory and Empirical Findings. New York: M.E. Sharpe.

Oliveira Gustavo de L.T. Oliveira (2013). Land Regularization in Brazil and the Global Land Grab. Development and Change 44(2):261-283.

Ostrom, Elinor (1990). Governing the Commons: The Evolution of Institutions for Collective Action. Cambridge: Cambridge University Press.

Ostrom, Elinor (1997). Investing in Capital, Institutions, and Incentives. In Christopher Clague (ed.), Institutions and Economic Development: Growth and Governance in Less-Developed and Post-Socialist Countries. Baltimore, MD: Johns Hopkins University Press.

Peck, Jamie and Adam Tickell (1996). Searching for a New Institutional Fix: The After-Fordist Crisis and the Global-Local Disorder. In A. Amin (ed.), Post-Fordism: A Reader, Oxford UK & Cambridge USA: Blackwell, pp. 280-315.

Peck, Jamie and Adam Tickell (2007). Conceptualizing Neoliberalism, Thinking Thatcherism. In Helga Leitner, Jamie Peck and Eric S. Sheppard (eds.), Contesting Neoliberalism: Urban Frontiers. New York: Guilford Press.

Peet, Richard and Michael Watts (1993). Introduction: Development Theory and Environment in an Age of Market Triumphalism. Economic Geography 69 (3): 227-253.

Polanyi, Karl (1944). The Great Transformation: The Political and Economic Origins of Our Time. Boston: Beacon Press.

Redclift, Michael (1993). Sustainable Development: Needs, Values, Rights.　　Environmental Values 2: 3-20.

Redclift, Michael (2002). Sustainable Development: Exploring the Contradictions. Routledge.

Sachs, Jeffrey D. (2011). The Price of Civilization: Reawakening American Virtue and Prosperity. New York: Random House.

Sandel, Michael J. (2010). Justice: What's the Right Thing to Do? New York: Farrar, Straus and Giroux.

Sen, Amartya (1999). Development as Freedom. New York: Anchor Books.（劉楚俊譯，沈恩著，2001，《經濟發展與自由》臺北：先覺文化）

Stiglitz, Joseph E. (2010). Freefall: Free Markets and the Sinking of the Global Economy. UK: Allen Lane. (preface & chapter 1)（姜雪影、朱家一（合譯），2010，《失控的未來：揭開全球中產階級被掏

空的真相》，臺北：天下文化。序幕；第一章：製造危機的背後，頁 1-54。）

Stiglitz, Joseph E. (2012). The Price of Inequality: How Today's Divided Society Endangers Our Future. New York: W.W. Norton & Co. （羅耀宗（譯），2013，《不公平的代價：破解階級對立的金權結構》。臺北：天下文化。）Stiglitz, Joseph E. (2016). The Great Divide: Unequal Societies and What We Can Do About Them. New York: W.W. Norton & Co.

Stiglitz, Joseph E. (2019). People, Power, and Profits: Progressive Capitalism for an Age of Discontent. New York: W.W. Norton & Co. （陳儀（譯），2020，《史迪格里茲改革宣言：回應不滿世代的新資本主義》。臺北：天下文化。）

Sutherland, Kathryn. ed., (2008). An Inquiry into the Nature and Causes of the Wealth of Nations: A Selected Edition. Oxford University Press.

UNDP (United Nations Development Programme) (2019). Human Development Report 2019. New York: United Nations Development Programme.

市場權力與全球新不平等

全球資本主義的社會永續困境與必要的制度改革

Market Power and Global New Inequality:

Social Sustainability Dilemma and Necessary Institutional Reform of Global Capitalism

作　　者 / 李碧涵（Bih-hearn Virginia Lee）

出版者 / 美商 EHGBooks 微出版公司

發行者 / 美商漢世紀數位文化公司

臺灣學人出版網：http：//www.TaiwanFellowship.org

地　　址 / 106 臺北市大安區敦化南路 2 段 1 號 4 樓

電　　話 / 02-2701-6088 轉 616-617

印　　刷 / 漢世紀古騰堡®數字出版 POD 雲端科技

出版日期 / 2021 年 7 月

總經銷 / Amazon.com

臺灣銷售網 / 三民網路書店：http：//www.sanmin.com.tw

　　　　　　三民書局復北店

　　　　　　地址 / 104 臺北市復興北路 386 號

　　　　　　電話 / 02-2500-6600

　　　　　　三民書局重南店

　　　　　　地址 / 100 臺北市重慶南路一段 61 號

　　　　　　電話 / 02-2361-7511

全省金石網路書店：http：//www.kingstone.com.tw

定　　價 / 新臺幣 450 元（美金 15 元　/　人民幣 100 元）